GESTIONA TUS PROYECTOS CON EFICACIA

Los trucos para llevar
a cabo tu proyecto con éxito

Por Nicolas Zinque

Traducido por Laura Bernal Martín

LA GESTIÓN DE PROYECTOS

- **¿Problemática?** ¿Cómo preparar un proyecto y cumplirlo con éxito?
- **¿Utilidad?** Realizar con éxito proyectos personales y profesionales requiere un gran rigor y, sobre todo, una preparación que siga unas reglas concretas.
- **¿Contexto profesional?** Gestión de proyecto, gestión, desarrollo profesional, etc.
- **¿Preguntas frecuentes?**
  - ¿El jefe de proyecto tiene siempre las mismas responsabilidades?
  - ¿Cuánto tiempo debe dedicarle a las fases de preparación, de realización y de cierre?
  - ¿Qué hay que hacer cuando las exigencias financieras o los plazos son demasiado ajustados?
  - ¿Es posible gestionar varios proyectos a la vez?
  - ¿Cómo tengo que proceder si reemplazo de improvisto a un jefe de proyecto?
  - ¿Cómo delegar el trabajo?

Puede que lo hayas deseado o que lo hayas temido pero, sea lo que sea, ¡acaban de nombrarte jefe de proyecto! Antes de nada, enhorabuena, porque por fin han reconocido tus competencias. Ahora solo tienes que demostrar que te mereces esa confianza.

Sin embargo, la gestión de proyecto no se limita a un título. Todos nos enfrentamos de forma regular a esta práctica, tanto en nuestra vida privada como en nuestro trabajo: organizar las vacaciones, reestructurar el jardín o planificar el menú de una fiesta. En tu trayectoria profesional, sin duda ya has participado en proyectos y piensas, lógicamente, que puedes apoyarte en esta experiencia.

No obstante, no es fácil ser un jefe de proyecto eficaz en una empresa o por cuenta propia: se trata de un reto apasionante y agotador acompañado de una gran presión. Como líder, serás responsable tanto de la planificación, del cumplimiento de los plazos y del presupuesto como de la dirección de las personas a tu cargo. Tendrás que poder garantizar el desarrollo del proyecto ante tus socios y ante tus clientes, independientemente del resultado del mismo... Así que más vale que este sea positivo.

Esta guía está dirigida a todos los que aspiran a convertirse en jefes de proyecto, así como a todos los que buscan mejorar sus competencias en la materia. También puede resultarle útil a las diferentes partes que intervienen en la realización de un proyecto: la responsabilidad recae sobre el jefe de equipo, pero el triunfo le corresponde a todo el equipo. A partir de ahora, ¡adopta buenos hábitos!

EL ABECÉ DE LA GESTIÓN DE PROYECTO PLANIFICADA

LOS PRINCIPIOS BÁSICOS

¿Qué es un proyecto?

La respuesta puede parecer evidente y, sin embargo, no lo es. Un proyecto es un conjunto de actividades (o tareas) que se llevan a cabo con el fin de alcanzar objetivos fijados dentro de un plazo establecido y valiéndose de unos determinados recursos humanos, materiales y financieros. Así, esta definición señala los componentes fundamentales de un proyecto:

- uno o varios objetivo(s) preciso(s) y específico(s) que hay que alcanzar;
- un calendario que hay que respetar;
- unos recursos, que incluyen un presupuesto, un equipo y unos medios técnicos.

También insiste en su aspecto efímero, porque aunque se extienda a lo largo de varios meses o años, siempre tiene una duración determinada y limitada.

¿Qué es la gestión de proyecto?

Nunca se han estudiado y analizado tanto los proyectos como durante estos últimos años. De hecho, en una sociedad en la que las empresas compiten constantemente, la gestión de proyecto debe ser lo más exacta posible para convertirse en líder de mercado. Se trata casi de un proceso científico que se corresponde con un conjunto de herramientas y de métodos, cuyo objetivo es mejorar la calidad del proyecto, optimizar su realización y sus posibilidades de éxito. En concreto, la gestión de proyecto te permite:

- planificar la realización del proyecto y llevarlo a cabo;
- aumentar el rendimiento al ser más eficaz en tu organización y en tu gestión de tareas;
- evaluar, anticipar y, sobre todo, superar las dificultades y los riesgos que podrían sobrevenir;
- adaptarte a los cambios y a los imprevistos;
- gestionar un equipo.

El papel del jefe de proyecto

El líder es tanto el corazón como la mente del proyecto. No se conforma con ser el arquitecto que dibuja los planos, sino que también es el director de obra que dirige el trabajo día a día y que guía a su equipo. No le basta con dar órdenes, sino que tiene que transmitir una pasión que haga que el equipo, a su vez, haga suyo el proyecto. Sus tareas son:

- cumplir el objetivo respetando el pliego de condiciones;
- formar y gestionar el equipo;
- garantizar el seguimiento cotidiano del proyecto y adaptar los planes iniciales si es necesario;
- gestionar imprevistos.

Existen algunas cualidades que son primordiales a la hora de completar dichas tareas:

- asumir responsabilidades;

- tener sentido de la iniciativa y saber tomar decisiones difíciles;
- saber rodearse de las personas adecuadas;
- lograr gestionar el equipo y motivarlo;
- ser un buen comunicador;
- ser capaz de gestionar situaciones de estrés;
- poder anticipar.

Si no eres un líder nato, siempre puedes adquirir estas competencias en el terreno:

> «Cuando empecé mi carrera profesional hace 20 años, era incapaz de comportarme como un líder y no sabía cómo transmitir mi pasión. O, lo que es peor: mis subordinados no me escuchaban. Un día, un amigo, entrenador de fútbol, me propuso que lo acompañara al vestuario durante un partido, para ver cómo dirigía a sus jugadores. ¡No me arrepiento! Siguiendo su ejemplo, he aprendido a reafirmarme, a elegir mis palabras, a levantar el tono cuando sea necesario o, al contrario, a mostrarme conciliador». (Boris, gestor de proyectos informáticos).

Las tres fases de la gestión de proyecto

Toda buena gestión de proyecto se apoya en tres etapas:

- **la fase de preparación,** durante la que planificas el desarrollo de tu proyecto;
- **la fase de realización**, que se corresponde con el periodo en el que pones en marcha tu plan;
- **la fase de cierre**, que te permite evaluar tu proyecto cuando este se ha cumplido.

Se desaconseja comenzar con un proyecto sin haberlo preparado adecuadamente de antemano. Aunque esto parece lógico, no es extraño ver a gente que se lanza de cabeza y que cree que con ello está ganando tiempo. Sin embargo, no te fíes de esta idea preconcebida porque, si bien es cierto que pierdes un poco de tiempo elaborando el proyecto, hacerlo te permitirá ganarlo a largo plazo.

LA PREPARACIÓN

A menudo se desprecia o se acorta la fase de preparación. Sin embargo, es un error fatal que te llevará directo al fracaso. De hecho esta etapa es crucial porque te permite:

- definir el objetivo del proyecto, de acuerdo con las necesidades de la empresa;
- establecer la planificación;
- establecer la estructura y la organización del proyecto;
- definir el presupuesto y el plazo de entrega;
- identificar todos los actores inherentes y formar el equipo.

Definir la necesidad que origina el proyecto y su objetivo

Independientemente de la situación y de que seas o no quien inicia el proyecto, la primera pregunta que hay que plantearse es: «¿A qué necesidad (en la empresa) responde el proyecto?». La calidad de este está determinada por su capacidad de responder a esta necesidad.

Así, la necesidad de la empresa determina el objetivo del proyecto. Si esta, por ejemplo, quiere incorporarse al mercado de los *smartphones*, el proyecto podría ser producir un modelo con un coste de producción de entre 90 y 100 € y disponiendo de ciertas tecnologías. Un proyecto no debe ser necesariamente un producto, también puede tomar la forma de un servicio (la puesta en escena de un espectáculo, la mejora de un servicio postventa, etc.). Un buen objetivo responde a tres criterios:

- es preciso;
- es realizable;
- es cuantificable (tiene que poder ser validado por una evaluación).

anularlo que arriesgarse a que sea un fracaso.

Realizar el pliego de condiciones

La gestión de proyecto se te confía mediante una carta de proyecto. Para formalizar esta necesidad y para que todos los actores implicados en el proyecto la entiendan, es necesario realizar un pliego de condiciones. Este, que elaborarás dialogando con las partes concernidas (tu cliente y la dirección), precisa las especificaciones del proyecto:

- el objetivo y la descripción de los resultados esperados;
- la manera en la que se evaluarán los objetivos;
- una estimación del presupuesto y del plazo;
- las obligaciones vinculadas con los recursos;
- un documento descriptivo de los procedimientos puestos en marcha para alcanzar el objetivo.

Este documento describe el proyecto a grandes rasgos y fija sus límites. Representa sus cimientos: detallarás su contenido cuando lo prepares. Todas las operaciones descritas a continuación tienen como objetivo concretizarlo.

Enumerar y organizar las tareas que hay que cumplir

Cuando el pliego de condiciones y la carta de proyecto hayan sido validadas tanto por el cliente como por tu empresa, el primer paso que tienes que dar consiste en clasificar todas las tareas que son necesarias para realizar el proyecto. Esta etapa te permite, entre otras cosas, evaluar los plazos y definir los perfiles que necesitarás en tu equipo. En este punto, se trata de detallar lo máximo posible tu proyecto y subdividirlo en «entregables».

Existen dos métodos para descomponer tu proyecto:

- **de lo general a lo particular**. Parte de tu objetivo final y pregúntate cuáles son los principales entregables que hay que realizar. A continuación descomponlos de la misma forma, preguntándote qué intermediarios se necesitan para realizarlo, y así sucesivamente. El proceso culmina cuando ya no puedes dividirlos más y cuando puedes calcular con precisión el tiempo y los recursos que necesitas para realizar cada entregable. En el caso de grandes proyectos, es imposible concluir este proceso. En ese caso, tienes que delegarle una parte de este trabajo a tu equipo, que estará más capacitado para analizar ciertas tareas y para evaluar su viabilidad;
- **de lo particular a lo general**. Realiza un *brainstorming* (lluvia de ideas) para definir todas las tareas que han de realizarse sin preocuparte por ningún tipo de jerarquía.

A continuación, reagrúpalas en categorías bien definidas.

Al listar las tareas, ya empiezas a categorizarlas y a jerarquizarlas. La siguiente etapa consiste en formalizar esta clasificación en forma de organigrama técnico de proyecto (OTP). Imagina que organizas una jornada de conciertos en tu campus. Podrías dividir las tareas con el siguiente organigrama, que las agrupa (de manera no exhaustiva) en diferentes paneles organizativos:

Organizar las tareas

Cuando establezcas el organigrama final, detallarás sin duda, en primer lugar, los recursos que necesitarás (¿Qué material de sonido? ¿Qué material de imagen?). Asimismo, podrás definir otras categorías, relacionadas sobre todo con el presupuesto, con los horarios, etc. Vela porque todas estas tareas estén clasificadas. Esta manera de prever y de organizar cada etapa del proyecto se llama la regla del 100%. Esta proviene de la EDT (Estructura de Descomposición del Trabajo), un método de organización de proyectos creado por el Departamento de Defensa de los Estados Unidos a finales de los años 50. Para resumirlo de manera simple, esta regla significa que la descomposición y el organigrama deben contener el total del trabajo que se ha de llevar a cabo, ni más (algunas tareas serían redundantes) ni menos (no se detallarían todas las tareas).

Aunque en nuestro primer ejemplo hemos jerarquizado el proyecto siguiendo los distintos componentes de la organización de este tipo de eventos, también es posible reagrupar tus actividades por departamentos (de empresa), por tipos de costes o incluso siguiendo las etapas cronológicas del proyecto (como mostramos a continuación), dependiendo de tu objetivo final.

Organigrama por etapas

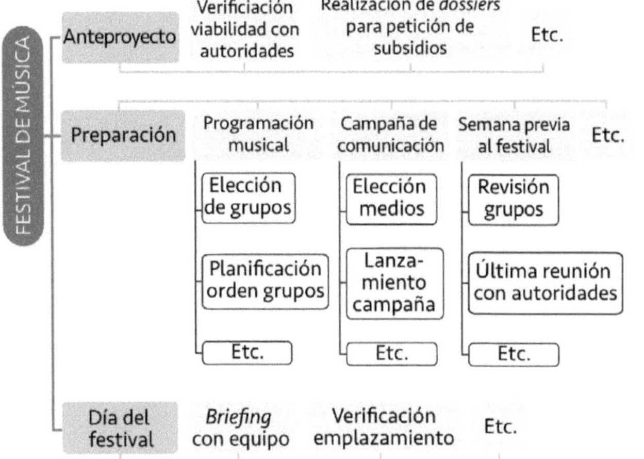

Consejo

Si realizas varios organigramas desarrollarás varias visiones del proyecto y tendrás así una representación más global.

Como el organigrama es visual, puede que rápidamente ocupe demasiado. Por eso, a veces es más sencillo recurrir a una simple lista escrita. Sin embargo, no te olvides de darle un código numérico a cada tarea para que puedas encontrarla más fácilmente.

1. Seguridad

- Autorización de los bomberos y de la policía
- Autorización de la ciudad
- Presencia de la Cruz Roja
  - Posible subcategoría
    - Posible sub-subcategoría

2. Equipo y voluntarios

- Planificación de los voluntarios
- Uniformes para el equipo
- Etc.

3. Etc.

Analizar los recursos del proyecto

Cuando abordas la planificación de un proyecto, una etapa fundamental es la evaluación de los recursos de los que dispones y de las limitaciones impuestas. Después de haber realizado tu (o tus) organigrama(s) de tareas, hazte preguntas sobre cada una de ellas:

- ¿Qué perfiles y qué competencias necesito para cumplirla?
- ¿Qué material necesito?
- ¿Cuánto tiempo debería dedicarle?

Estas preguntas te permitirán estimar el número de personas necesarias, encontrar a los trabajadores competentes y calcular la duración de su intervención en el proyecto, así como darte una idea del equipamiento que necesitarás.

Identificar y contrarrestar los riesgos

Un proyecto siempre entraña riesgos relacionados con la posibilidad de que un acontecimiento o un elemento interfiera en su correcto desarrollo. Por ello, lo importante es anticiparnos a ellos para poder reaccionar rápidamente si llegaran a ocurrir.

Imagina que planificas una excursión a la playa, pero que el parte meteorológico anuncia un riesgo del 15% de lluvia: ¿organizas un plan B o más bien confías en tu buena suerte? Puede que no siempre tengas suerte. A partir de ahora, pregúntate de antemano qué podría ir mal y después haz una lista con los obstáculos que se podrían interponer ante cada tarea. Asimismo, describe el impacto potencial que tienen estos problemas en el proyecto (¿un simple retraso, superar el presupuesto, anularlo por completo?) y prevé una solución alternativa para los más graves.

En realidad, no puedes precaver todos los riesgos, por lo que es primordial clasificarlos en función de la probabilidad de que se produzcan y de su grado de impacto en tu proyecto. Considera evaluar las probabilidades basándote en tu experiencia personal y/o consultando a expertos. Cuando sea posible, no dudes en apoyarte en hechos y en cifras. Así, puede que no sea rentable invertir tiempo y dinero en luchar contra un riesgo que tiene un 2% de probabilidades de concretizarse y cuyo impacto es bajo. Por el contrario, es necesario estudiar al milímetro un problema crítico que sea muy susceptible de suceder. La elección puede resultar más delicada cuando nos enfrentamos a extremos, como a un hecho eventual que puede tener un grave impacto y que, sin embargo, es poco probable que ocurra, o a otro que puede desarrollarse potencialmente pero que *a prioiri* solo tendrá un bajo impacto en el proyecto.

Para preparar un plan de gestión de crisis, escribe en una tabla los riesgos e imagina para cada uno de ellos una o varias soluciones de emergencia, evaluando su coste (financiero, humano y temporal). No hace falta decir que si los riesgos son muy elevados e imposibles de atenuar, puede que tengas que revisar el proyecto en su conjunto.

Si no puedes suprimir o atenuar el riesgo, siempre puedes contratar un seguro para que se encargue de él.

Planificar el proyecto

Cuando planeas tu calendario deseas, por supuesto, lograr tu objetivo lo más rápido posible... minimizando siempre los riesgos. Sin embargo, no te saltes etapas. Antes de establecer la planificación global, tienes que:

- determinar la duración de cada tarea;
- observar la manera en la que estas interaccionan entre sí;
- decidir el orden en el que se cumplirán.

Para calcular la duración de una tarea, descríbela de forma precisa y detecta los factores que pueden influir en ella. Si necesitas, por ejemplo, una máquina para realizarla, esta tendrá una cierta capacidad de producción y puede que no siempre esté disponible. Además, una parte de las tareas puede realizarse de forma simultánea, pero otras están condicionadas a que se realicen determinadas acciones. Tienes que entender bien cómo interaccionan entre sí para optimizar su distribución.

Para visualizar lo mejor posible el orden de tus actividades y los vínculos que existen entre las mismas puedes ayudarte de un diagrama en red. Imagina, por ejemplo, que quieres organizar un seminario para el personal de tu empresa. Cuando la dirección haya aprobado la idea, tendrás que realizar los preparativos del acto:

- efectuar los contactos preliminares para asegurarte de la disponibilidad de cada persona;
- contactar con los potenciales intervinientes para comprobar que también ellos están disponibles;
- seleccionar una fecha (en función de los resultados de las dos primeras tareas);
- reservar la sala (en nuestro ejemplo, tienes la sala que necesitas en tu empresa);
- preparar la organización de la jornada:
  - definiendo el contenido exacto con cada interviniente;
  - detallando la planificación de la jornada;
  - previendo las comidas eventuales;
  - pidiendo el material necesario;
- enviar las invitaciones oficiales a las personas concernidas;

- preparar la sala (en nuestro ejemplo, es posible hacerlo varios días antes del marcado porque se encuentra en tu propia empresa).

A continuación retomamos este ejemplo en forma de diagrama de red. Por supuesto, cuando tienes que organizar un seminario para tu propia empresa los plazos pueden variar en función de las limitaciones (en nuestro caso, el jefe de proyecto calcula que necesita una semana para que todo el personal le transmita cuál es su disponibilidad), así como para las tareas potenciales y su distribución. En este caso, el jefe de proyecto tiene la suerte de contar con un asistente que le ayudará a cumplir ciertas tareas que no se pueden llevar a cabo simultáneamente.

Diagrama de red

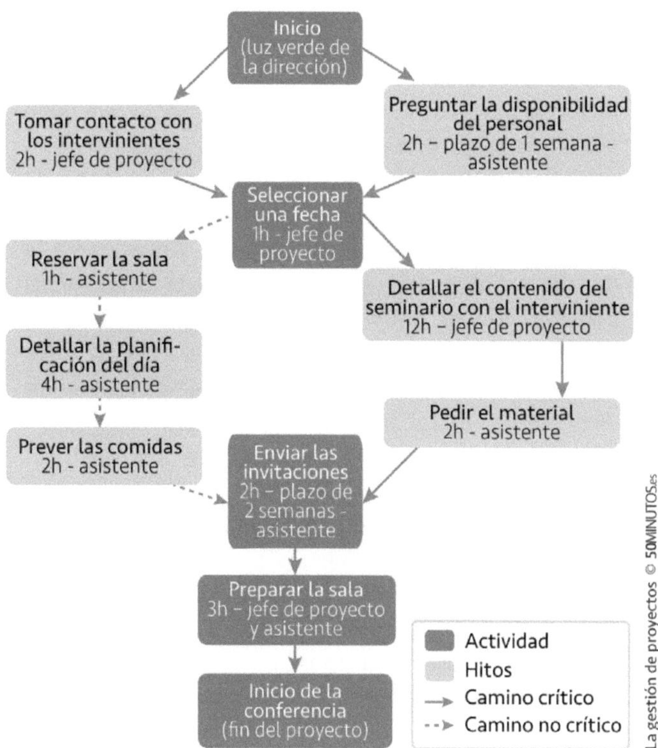

Este esquema destaca varios aspectos importantes en la planificación de un proyecto:

- ciertas tareas están condicionadas por la realización de otras. De esta forma, hasta que no hayas recibido la disponibilidad de cada persona, no podrás reservar una sala (como mucho, podrías ponerla en opción);

- otras tareas pueden y deben realizarse en paralelo. Apoyándose en su asistente, el jefe de proyecto puede delegarle la planificación de la jornada y los pedidos mientras que él se concentra en el contenido que tiene que elaborar con el interviniente;
- es esencial identificar el camino crítico, es decir, la secuencia de actividades más larga que hay que realizar entre el principio y el fin del proyecto y que marca la duración mínima del mismo. Se acompaña de las tareas llamadas críticas, y todo retraso en estas afectará a los plazos. En nuestro caso, no podemos bajar de las 22 horas (si solo contamos la duración de las tareas propiamente dichas) y de las tres semanas (si tenemos en cuenta los plazos obligatorios: la invitación oficial, por ejemplo, debe enviarse dos semanas antes del evento);
- el margen del que disponen algunas actividades, que remite al tiempo que tenemos para aplazar su fecha sin retardar la fecha de inicio de la siguiente tarea o la fecha final del proyecto. Por ejemplo, el jefe de proyecto necesitará 12 horas para trabajar sobre el contenido del seminario, mientras que al asistente le bastarán 7 horas (planificación de la jornada y pedido de la comida). Este último, por tanto, dispone de un margen de 5 horas;
- los hitos son acontecimientos que no tienen necesariamente una duración por sí mismos (aunque este sea el caso de algunas en nuestro ejemplo). Marcan el final de las etapas importantes de tu proyecto.

Para cumplir la planificación tienes que fijarte plazos, es decir, las fechas de inicio y de fin de cada actividad. Para ello, puedes ayudarte del diagrama de Gantt, que clasifica las actividades, su duración, su margen y su distribución.

Diagrama de Gantt

Proyecto: organizar un seminario					
Tareas	**Semana 1**	**Semana 2**	**Semana 3**	**Semana 4**	**Día D**
Preguntarle al personal por su disponibilidad	2h				
Contactar con los intervinientes	2h				
Seleccionar una fecha		1h			
Reservar una sala		1h			
Detallar el contenido del seminario con el interviniente		12h			
Detallar la planificación de la jornada		4h			
Prever las comidas		2h			
Pedir el material		2h			
Enviar las invitaciones		2h			
Preparar la sala				3h	

Formar un equipo de trabajo

Gracias a este organigrama de tareas realizado de antemano, has sido capaz de determinar las competencias que se necesitan para concretizar tu proyecto. Para formar el equipo, existen dos casos: o bien eres libre de seleccionar a quien quieras, o bien tienes que formarlo con las personas que estén a tu disposición.

El primer caso es ideal, porque te permite hallar los perfiles adecuados y las personas motivadas, mientras que el segundo puede llevarte a trabajar con personas que no están interesadas en el proyecto. En la realidad, sin duda te encontrarás entre ambas situaciones.

Independientemente de la situación, tómate tiempo para reunirte con los miembros de tu futuro equipo y de hablar con ellos. Comprueba sus competencias y su motivación, para ver si están en concordancia con tu proyecto. Si estás satisfecho, pregúntales por su disponibilidad: ¿podrán trabajar a tiempo completo en tu proyecto o compartirán su tiempo de trabajo con otras misiones? ¿A partir de qué fecha y hasta cuando están disponibles?

IDENTIFICAR LAS PARTES INTERESADAS

Es esencial identificar desde el principio los diferentes personajes que desempeñan un papel. Además del creador y del patrocinador del proyecto, detecta todas las partes interesadas, tanto positivas como negativas, internas como externas: el cliente, los eventuales proveedores, los socios, etc. Asegúrate de forma regular de que te apoyan y de que están informados de los avances de la planificación.

Presupuestar el proyecto

Establecer un presupuesto se resume en calcular todos los costes necesarios para cada actividad y sumarlos. Por supuesto, pensarás de entrada en los costes directos, como:

- el salario de los empleados;
- los gastos (de transporte, de alojamiento, de alquiler, etc.);
- la compra del material (materias primas para elaborar componentes, tecnología, etc.).

No obstante, si deseas calcular el coste real de tu proyecto, ten también en cuenta algunos costes indirectos, como:

- el uso del material que utilizas en la empresa (los ordenadores);
- los gastos de calefacción, de electricidad, etc.

Sin embargo, estos gastos no siempre se tienen que tener en consideración, en general porque no son específicos para tu proyecto: tu empresa seguramente ya dispone de los ordenadores en los que trabajas. Contacta al servicio de finanzas de tu empresa para saber si estos costes tienen que aparecer en tu presupuesto.

LA REALIZACIÓN

El seguimiento del plan

Si has preparado correctamente tu proyecto, la prioridad es garantizar que todo transcurre como está previsto. Para ello, evalúa periódicamente tu proyecto recurriendo a:

- reuniones de evaluación regulares (cada dos semanas como máximo) para recapitular;
- informes redactados por los miembros de tu equipo;
- tu registro personal.

PEQUEÑO PLUS

Pídele a los miembros de tu equipo que tengan también un registro común en el que anoten las acciones que han llevado a cabo, las fechas y las horas prestadas. Este documento será muy útil para el seguimiento regular y la evaluación final.

Para complementar, realiza tú mismo un resumen rápido cada semana, haciéndote algunas preguntas clave y después rectificando en función de las respuestas.

- ¿Se han cumplido las distintas actividades previstas?
- ¿Se ha respetado el presupuesto?
- Con respecto a la planificación, ¿estás a tiempo, por delante o por detrás del plazo establecido?
- ¿Temes que haya riesgos?

Asegúrate de que todos conozcan los pormenores de su tarea, y que esta se efectúa según el plan previsto. Muéstrate especialmente atento cuando el fin (previsto) de una actividad se acerque y redobla la vigilancia sobre tu camino crítico: ¡acuérdate de que cualquier retraso en este atrasará inevitablemente al conjunto del proyecto!

Después de este análisis, o bien todo va como estaba

previsto —de ser así, continúa en la misma línea—, o bien observas problemas, incluso accidentes, por lo que habría que redirigir el rumbo del proyecto.

- Localiza el problema: ¿Qué ha provocado que se supere el presupuesto o el plazo? ¿Qué te ha obligado a abandonar o a reemplazar una tarea?
- Toma medidas para corregirlo: a corto plazo, tu objetivo es no penalizar en ningún caso tu proyecto. Sin embargo, no siempre puedes reparar los daños. De hecho, si tu proveedor se ha retrasado en la entrega de las piezas que se necesitan y esto está en tu camino crítico, no puedes, por desgracia, hacer nada.
- Vela por que esto no se reproduzca más, actuando según la naturaleza del problema. Si es puntual (un olvido, una falta de atención, etc.) intenta entender por qué se ha producido (problema técnico o error humano) y toma las medidas necesarias (contacta con la persona concernida, cambia el material, etc.). Si es crónico (un problema en el proceso), dedícale tiempo a analizar y a imaginar con tu equipo una solución duradera.

Atención: si quieres añadir una corrección o una modificación al proyecto, avisa a todos tus trabajadores y, sobre todo, ¡consúltalos de antemano para que sigan sintiéndose implicados!

La gestión del equipo

La gestión de tu equipo es primordial para que el proyecto tenga éxito. De hecho, un mal acuerdo o una mala coordinación en el seno del mismo puede poner en peligro la realización de las tareas. A partir de ahora, vela por:

- guiar a tu equipo hacia la culminación del proyecto. Como el capitán de un navío, aguantas contra viento y marea. En caso de tempestad, tu tripulación siempre tiene que poder contar contigo;
- instaurar y mantener un ambiente de trabajo adecuado. Puedes minimizar los riesgos de tensión en el equipo practicando *team building* (además de reuniones de trabajo, organiza una o varias pequeñas actividades para que tus trabajadores se conozcan mejor y aprendan a trabajar juntos) y garantizando que los papeles y las responsabilidades de cada uno estén claramente definidas y todos estén al corriente de ellos;

> «He trabajado en un gran proyecto cultural que consistía en realizar puestas en escena en el exterior. En este proyecto, las funciones y las tareas de cada uno no estaban definidas con precisión. Por ejemplo, yo me encargaba de la logística general, pero tenía que buscar con regularidad algunos elementos de decoración (que en principio le tocaría hacer a la decoradora jefe). Un sábado por la tarde, nos dimos cuenta de que no teníamos las plataformas que necesitábamos para el escenario de la mañana siguiente. La decoradora pensó que yo me había encargado de ellas y yo pensé que ella lo había hecho...» (Louis, director de proyecto).

- definir las «reglas de vida» de tu equipo. ¿Cómo funcionará en el día a día? ¿Cómo transcurrirán las reuniones? Define un marco y, si es posible, incluye a tu equipo en la creación de procedimientos;

> «Durante mis estudios participé en la organización de un

festival de cine documental con otros jóvenes. Una persona nos supervisaba y nos propuso redactar juntos una carta que recapitulaba nuestros compromisos y que definía cómo comportarse durante una reunión. Implicarnos en su redacción nos permitió respetarla más que si fuera un reglamento impuesto por un tercero». (Pierre, responsable de eventos).

- confiar en ellos y animarles a que confíen en ti;
- conservar su motivación. Como todos sabemos, durante las primeras semanas te sientes capaz de superar cualquier obstáculo pero, después, aunque la pasión siga ahí, la rutina se impone y la intensidad disminuye.

Para mantener intacto el entusiasmo de tu equipo:

- insiste regularmente en los aspectos positivos del proyecto tanto para la empresa como para el grupo;
- comunícale con regularidad a tu equipo el estado de avance del proyecto. Uno está más motivado cuando ve los resultados concretos de sus acciones;
- implícale preguntándole su opinión sobre los riesgos, las ideas, las soluciones, etc.;
- recompensa a tus trabajadores cada vez que logren un objetivo.

Una herramienta esencial: la comunicación

Aunque es evidente que siempre tienes que tener una idea clara de la situación, lo mismo debe ocurrir con tu equipo. Por ello, es necesario instaurar un sistema de comunicación eficaz en el grupo, así como poner a su disposición la documentación (informes, etc.) que permita que cada parte interesada pueda conocer el estado de avance del proyecto.

La manera en la que comunicas depende más que nada del objetivo de la transmisión y del destinatario. Estos dos aspectos determinan la elección del medio y del tipo de datos emitidos, así como su confidencialidad: aunque un proveedor debe estar al corriente de la menor modificación que afecte a su trabajo, no tiene por qué conocer vuestros problemas internos. Elige tu medio de comunicación en función de la situación:

- **las reuniones** permiten agrupar a todas las personas implicadas y hablar en torno a una mesa (que puede ser virtual, como en las videoconferencias). No descuides el acta de la reunión, que permite oficializar lo que se ha dicho o decidido;
- **el correo electrónico** es, hoy en día, el medio más utilizado debido a que permite transmitir y recibir mensajes de forma instantánea. Además, deja un rastro escrito y puede gestionarse con eficacia mediante buzones de entrada;
- **los informes** sirven para confirmar la información y para resumir una situación en concreto. Su principal inconveniente es que son unilaterales. De hecho, la comunicación va del redactor al lector, sin que este último

pueda intervenir. Por eso es útil acompañarlos de una explicación verbal (reunión, charla, etc.);

- **las charlas informales** son intercambios de información espontáneos (por teléfono, junto a la máquina del café, etc.). Tienes que cuidar de confirmar oficialmente y por escrito la información importante que se transmite por este medio (principalmente por correo electrónico).

> «Volviendo al proyecto de realización de puestas en escena en el exterior, en las reuniones informales, en las que no todos los jefes estaban presentes, se proporcionaban muchos datos y se hacían modificaciones. Además, lo que se decía no siempre figuraba en la documentación que estaba en línea y el jefe del proyecto no se aseguraba de que la información se hubiese recibido correctamente. Por eso, a veces un subjefe se enteraba de modificaciones importantes con retraso». (Continuación del testimonio de Louis).

Cuando estés decidiendo tu medio de comunicación, sopesa las ventajas y los inconvenientes de las vías orales y escritas. Hablar de viva voz te permite garantizar de forma inmediata que el mensaje se ha transmitido correctamente, no como por escrito. Sin embargo, como afirmó Petronio (escritor romano, 14-66) en un discurso en el Senado: «las palabras vuelan, lo escrito queda». Así que deja siempre un registro escrito de las charlas informales y de las reuniones.

EL CIERRE

La entrega

El proyecto se termina cuando se le entrega al cliente el entregable final, de acuerdo con el pliego de condiciones establecido. Procura recibir una confirmación escrita y oficial de la entrega. Por tu parte, aún tienes que acabar con la sección administrativa (acta, etc.) y cerrar el presupuesto. Estos dos aspectos marcarán el fin oficial del proyecto. Cuando se haya concluido, a menudo nos vemos tentados a descorchar el champán sin detenernos en la parte más fastidiosa: los análisis y las evaluaciones finales. Sin embargo, ¡te vendrán muy bien para tus próximos desafíos!

La evaluación final

El objetivo de esta fase es preparar el balance del conjunto del proyecto. Para ello, apóyate en todos tus documentos:

- los de la fase preparatoria (planificación, plazos de vencimiento, etc.), que te permitirán comparar el resultado final en relación con las expectativas de base;
- los de la fase ejecutiva (tu cuaderno de registros, las evaluaciones regulares, los informes, etc.), que te ayudarán a entender por qué tu proyecto ha ido bien... o no;
- el *feedback* del cliente.

A partir de estas pruebas escritas, plantéate las siguientes preguntas:

- ¿Se han alcanzado todos los objetivos?
- ¿Se ha respetado la planificación?
- ¿El presupuesto se ha mantenido bajo control?
- ¿Cómo he dirigido a mi equipo?
- ¿Cómo se han gestionado los imprevistos y los problemas?

Lleva a cabo tu análisis y organiza después las (últimas)

reuniones para hablar sobre él.

- Reúnete con tu cliente para hablar sobre su grado de satisfacción. Pídele también un *feedback* escrito.
- Organiza una reunión con tu equipo para recapitular y cerrar el proyecto.
- Infórmale a la dirección sobre tu análisis.

Como se ha hecho a lo largo del proyecto, vela por que tus conclusiones sean validadas por todas las partes interesadas.

Y para terminar bien...

Organiza un momento festivo para darle las gracias a tu equipo y para acabar la aventura con una nota positiva. No te olvides de invitar a las personas que solo han estado presentes de forma puntual. Prevé otra forma de agradecimiento si no es posible organizar una fiesta o si no todo el mundo puede acudir. De nada sirve complicarse: con un email puede ser suficiente, pero pon tu corazón en él y dedícale tiempo. ¡Tu equipo se merece que le dediques por completo una parte de tu tiempo!

LOS MEJORES CONSEJOS

- **Ten siempre en mente el objetivo final.** Puede parecer evidente, pero no es difícil perderse en un proyecto que dura varios meses, que implica a decenas de personas y en el que hay numerosos subobjetivos. Además, no te olvides de que el cliente es el rey: si los socios desean aportar modificaciones al proyecto, ¡tienes que escucharles!
- **Toma tiempo para descomponer**. Si te enfrentas a una situación o a un problema complejo, mantén la cabeza fría e intenta ver con claridad. Para ello, descompón la situación o el problema y soluciona cada parte una tras otra.
- **Es inútil reinventar la rueda en cada proyecto**. Inspírate de tus experiencias anteriores y de las de los demás. Consulta con colegas y con expertos y toma nota de sus consejos. Atención: esto no quiere decir que puedas prescindir de la fase de preparación: «Ya lo he hecho una vez, así que ya sé cómo va» es el peor error que puedes cometer.
- **¡Anticipa!** Ir un paso por delante es la marca de los grandes jefes de proyecto. Aunque es imposible escapar de los imprevistos, puedes anticipar los problemas y preparar alternativas. Si no has podido hacerlo, soluciona las dificultades en cuanto aparezcan y, sobre todo, identifica la causa para que no vuelvan a suceder.
- **Todo es cuestión de comunicar.** Un proyecto minuciosamente preparado puede venirse abajo si no se le ha comunicado un cambio a la persona adecuada. Memoriza esta regla de oro: cualquier modificación debe ser objeto de

consulta ante las personas concernidas. Para los cambios importantes, se necesita naturalmente la aprobación del cliente.

- **Mantente al corriente en todo momento del estado de progreso de tu proyecto,** de las actividades que ya se han efectuado, de lo que aún queda por hacer y del estado del presupuesto. Para ello, haz balances semanales y toma nota de los elementos problemáticos: ¡la primera tarea de la semana siguiente será resolverlos!
- **Domina las herramientas del gestor de proyecto.** En los proyectos profesionales de empresa, utilizarás necesariamente un programa de gestión de proyecto, como Microsoft Project. Aprende a dominarlo a fondo, porque te permitirá ganar un valioso tiempo. Incluso en un proyecto de pequeña envergadura, no dudes en dar este paso.

- a grandes empresas.
- Basecamp (licencia propietaria) es un programa simple y muy popular. Destaca la posibilidad de dialogar con las diferentes personas implicadas en el proyecto.
- Collabtive (código abierto) es una alternativa gratuita a Basecamp. Se dirige sobre todo a las PYME.
- Ganttproject (código abierto) es un programa básico que permite gestionar los proyectos basándonos en el diagrama de Gantt. Es fácil de usar, pero bastante limitado.
- Trello es un programa reciente que empieza a dar mucho que hablar. Los proyectos se organizan en tablas en las que aparecen cuadros, cada uno de los cuales representa una tarea. Existe una versión gratuita y otra de pago.
- Wrike es un programa muy potente que se ha convertido en uno de los líderes del mercado. Propone a sus usuarios gestionar y seguir, entre otros, los proyectos, los plazos y los horarios. Existe una versión gratuita y otra de pago.

- **Organiza una «reunión intermedia»** para pasar de la fase de preparación a la de realización. Recapitularás el desarrollo del proyecto y te asegurarás de que le ha quedado claro a todo el mundo.
- **Delega.** El responsable de un proyecto tiene el papel de un director de orquesta. Confía en tus empleados e implícalos al máximo en el proyecto, lo que reforzará su motivación y su eficacia. Además, no puedes estar

presente en todos los frentes o te arriesgarás a cometer errores.

PREGUNTAS FRECUENTES

¿EL JEFE DE PROYECTO TIENE SIEMPRE LAS MISMAS RESPONSABILIDADES?

No, el papel del jefe de proyecto puede variar de un caso a otro y dependiendo de las empresas. Antes de lanzarte a un proyecto, es conveniente definir el orden exacto de la misión y dejarlo por escrito para evitar ambigüedades. Préstale especial atención a tus responsabilidades en lo que concierne a:

- los objetivos que hay que alcanzar;
- la confección del presupuesto;
- la gestión de la planificación;
- la libertad que tendrás en el proceso de selección de tu equipo (interno-externo a la empresa o mixto);
- los límites de tu poder, es decir, de quién dependerás.

¿CUÁNTO TIEMPO DEBO DEDICARLE A LAS FASES DE PREPARACIÓN, DE REALIZACIÓN Y DE CIERRE?

Cuenta 2/3 para la fase de realización y 1/3 para la de preparación y cierre. Un tercio parece mucho pero no te olvides de que las jornadas que le dedicas a estas dos fases, sobre todo a la parte preliminar, son inversiones a largo plazo.

¿QUÉ HAY QUE HACER CUANDO LAS EXIGENCIAS FINANCIERAS O LOS PLAZOS SON DEMASIADO AJUSTADOS?

Se puede resumir cualquier proyecto en un triángulo, cuyas tres puntas son el coste, el plazo y la calidad. En el paraíso de los jefes de proyecto tendrías carta blanca para decidir sobre el presupuesto y el plazo para obtener la mejor calidad posible.

En la vida real, te enfrentarás a limitaciones y deberás privilegiar una o dos de las puntas del triángulo. Imagina que se te impone un presupuesto muy ajustado. Después de buscar todas las opciones posibles, puede que tu única opción sea reducir el tamaño de tu equipo (lo que retrasará el plazo de entrega). Si no puedes superar cierta fecha, tendrás que decidir revisar tus objetivos a la baja. Si te encuentras en este tipo de situación, informa a tus superiores, defiende la solución que te parezca más justa y acepta la decisión final. Si crees que el proyecto es poco consistente puedes rechazar la tarea, una decisión también difícil.

¿ES POSIBLE GESTIONAR VARIOS PROYECTOS A LA VEZ?

En teoría, es mejor dedicarse a un solo proyecto, pero en la práctica a menudo no es así. En primer lugar, no siempre puedes elegir: puede que tengas que hacer malabarismos entre varios proyectos por razones presupuestarias, de organización, etc. A continuación, algunos proyectos duran mucho tiempo y pueden presentar fases más tranquilas, en las que tengas tiempo libre. Independientemente de tu situación, lo más importante es que, si gestionas varios proyectos, definas las prioridades entre los mismos y dentro de los mismos.

¿CÓMO TENGO QUE PROCEDER SI REEMPLAZO DE IMPROVISTO A UN JEFE DE PROYECTO?

Puede que te hayan pedido de súbito que reemplaces a alguien. En principio, existe un plan de emergencia para paliar este problema: el sucesor es habitualmente un asistente del antiguo jefe de proyecto o un «pez gordo», alguien experimentado que ya ha dirigido otros grandes proyectos.

Si no tienes ninguna afiliación con el proyecto, naturalmente debes consultar todos los documentos que se encuentren disponibles, empezando por los de la fase de preparación. A continuación tienes que organizar una reunión de envergadura con todos los subjefes (o con todos los miembros del equipo) para presentarte, para definir los posibles nuevos procedimientos y, sobre todo, para escuchar el informe de cada departamento.

¿CÓMO DELEGAR EL TRABAJO?

Ser un buen jefe de proyecto implica saber confiar ciertas tareas a tus empleados para poderte concentrar en lo esencial. Para delegar correctamente, define con claridad los poderes que confieres (¿le autorizas para que valide los pedidos? De ser así, ¿hasta alcanzar qué presupuesto?) y sé claro en la definición de la misión, así como en los plazos que hay que respetar. Finalmente, responsabiliza a la persona a quien delegas: explícale que confías en ella, pero que esperas, a cambio, un compromiso total por su parte. Habla regularmente con ella para asegurarte de que todo va sobre ruedas.

¡AHORA ES TU TURNO!

Antes de emprender la fase de realización del proyecto, asegúrate de que se han adquirido todos los siguientes puntos.

Lista de verificación para la preparación de un proyecto

	✓
Garantizar que hay luz verde • He identificado la necesidad a la que responde mi proyecto. • He redactado, con la dirección y con el cliente, un pliego de condiciones y mis responsabilidades están claramente definidas en mi carta de proyecto. • He comprobado que mi visión del proyecto se corresponde con los objetivos y los valores de la empresa. • He constatado la viabilidad del proyecto. • He identificado a los actores clave (internos y externos) del proyecto.	
Planificar el proyecto • He descompuesto mi proyecto en entregables y he identificado las tareas que hay que cumplir. • He jerarquizado estas tareas en forma de organigrama o de lista. • He determinado los recursos financieros, humanos y materiales necesarios. • He calculado la duración de cada actividad. • He definido las interacciones que existen entre cada tarea. • He construido mi diagrama de red y mi registro de vencimientos.	
Formar un equipo de trabajo • He formado mi equipo prestándole especial atención a las competencias, a las motivaciones y a la disponibilidad de los trabajadores. • He fijado las reglas de funcionamiento interno de mi grupo. • He implicado a mi equipo en el proyecto desde la fase de preparación. • He planificado una reunión con los miembros de mi equipo para favorecer un buen entendimiento. • He dejado claras las responsabilidades de cada uno y he establecido una jerarquía.	

Lista de verificación para la preparación de un proyecto (continuación)

	✓
Presupuestar el proyecto • He evaluado el coste de cada tarea. • He tenido en cuenta los costes directos e indirectos. • Me he puesto en contacto con el servicio financiero de mi empresa.	
Anticipar los riesgos • He identificado, listado y jerarquizado los riesgos que se corren. • He preparado un plan de gestión de estos riesgos.	
Evaluar el proyecto • He precisado la manera de evaluar cada objetivo. • He puesto en marcha un sistema de evaluación con un plazo regular.	
Antes de lanzarme a la fase de realización • He hecho que mis planes y mis decisiones sean validados por todos los actores de mi proyecto (cliente, dirección, equipo, proveedores, socios). • He organizado una última reunión con mi equipo para recapitular el desarrollo del proyecto.	

¡Tu opinión nos interesa!
¡Deja un comentario en la página web de tu librería en línea,
y comparte tus favoritos en las redes sociales!

PARA IR MÁS ALLÁ

FUENTES BIBLIOGRÁFICAS

- Bruce, Andy y Ken Langdon. 2001. *Développer un projet. 101 trucs et conseils.* París: Éditions Mango.
- Davidson, Jeff. 2001. *Vous devez gérer un projet?.* París: Village Mondial.
- Muller, Jean-Louis. 2005. *Management de projet.* París: AFNOR.
- Portny, Stanley E. y Sandrine Sage. 2011. *La gestion de projet pour les nuls.* París: Éditions First.
- Vallet, Gilles. 2012. *Réussir son management de projet.* París: Dunod.

FUENTES COMPLEMENTARIAS

- Bonnin, Patrick y Tatiana Bouzdine-Chameeva. 2012. *Gérer un projet efficacement. Les 7 étapes-clés sans difficultés!* París: AFNOR.
- Buttrick, Robert. y Guillaume Chanson. 2015. *Gestion de projets. Le guide exhaustif du management de projets.* París: Pearson.
- Cambie, Françoise, Marc Impe, Éric Luna y Étienne Marlier. 2007. *Construire... et gérer son projet.* Bruselas: STICS.
- Cayatte, Ramez. 2007. *Bâtir une équipe performante et motivée.* París: Eyrolles-Éditions d'Organisation.
- Drecq, Vincent. 2014. *Pratiques de management de projet. 40 outils et techniques pour prendre la bonne décision.* París: Dunod.

- Garel, Gilles. 2011. *Le management de projet.* París: La Découverte.
- Gray, Clifford F. y Erik W. Larson. 2014. *Management de projet.* París: Dunod.
- PMI. 2013. *Guide du corpus des connaissances en management de projet* (PMBOK Guide). Newton: Project Management Institute.
- Hochet, Xavier. 2008. *Transformer l'entreprise. De la décision à l'action.* París: Odile Jacob.
- des Mesnards, Paul-Hubert. 2007. *Réussir l'analyse des besoins.* París: Eyrolles-Éditions d'Organisation.
- Néré, Jean-Jacques. 2012. *Comment manager un projet?.* París: Éditions Démos.
- Noce, Tony. 2004. *Animer, financer et communiquer votre projet.* Con la colaboración de i Patrick Paradowski y Charles Maccio. Lyon: Chronique sociale.
- Noce, Tony y Patrick Paradowski. 2005. *Élaborer un projet. Guide stratégique.* Lyon: Chronique sociale.
- Roy, Etienne y Guy Vernerey. 2010. *La conduite de projets complexes.* París: Éditions Maxima.
- Sevin, Xavier. 2015. *De la gestion de portefeuille de projets à la gestion de projets. Du décisionnel à l'opérationnel.* Nantes: Éditions ENI.
- Sotiaux, Yves. 2008. *Management d'équipe projet. Le chef de projet, un manager.* Le Mans: Gereso Éditions.

www.en50Minutos.es

ISBN ebook: 9782806277671

ISBN papel: 9782806285560

Depósito legal: D/2016/12603/492

Libro realizado por <u>Primento</u>*, el socio digital de los editores*